Annika Kastner

Friends forever

Für ein Freundebuch ist man nie zu alt

Bibliografische Information der Deutschen Nationalbibliothek:
Die Deutsche Nationalbibliothek verzeichnet diese Publikation in der Deutschen National-
bibliografie; detaillierte bibliografische Daten sind im Internet über http://dnb.dnb.de abruf-
bar.

Herstellung und Verlag: BoD – Books on Demand, Norderstedt

ISBN: 9783756850945

Es ist schön, dass es Dich gibt.

Danke, dass Du Dir die Zeit nimmst, dieses Büchlein für mich auszufüllen.

Es bedeutet mir sehr viel und wird für mich eine wunderschöne Erinnerung an Dich sein.

Falls Du Lust hast, findest Du am Ende sogar die Möglichkeit, mir noch Dein Lieblingsrezept aufzuschreiben.

Freunde sind Menschen,
die dir nicht den Weg zeigen,
sondern ihn einfach mit dir gehen.

−Zitat Verfasser unbekannt−

Das bin ich ...
(Foto, gemaltes Bild...)

Erinnerung an ein tolles Erlebnis mit dir:

magic moments

Name:

Mein gefühltes Alter:

Wir kennen uns von:

Ein Wort das mich beschreibt:

Das mag ich an dir:

Das wollte ich dir schon immer mal sagen:

Mehr von mir...

...lese am liebsten:

... liebe:

... mein Lieblingsfilm:

... meine Superkraft wäre:

... das esse ich am liebsten:

... das mag ich gar nicht:

Mein Traumreiseziel:

Drei Dinge,
die ich unbedingt
machen möchte:

_____

_____

_____

Ein Zitat das mich
bewegt:

Das wünsche ich dir:

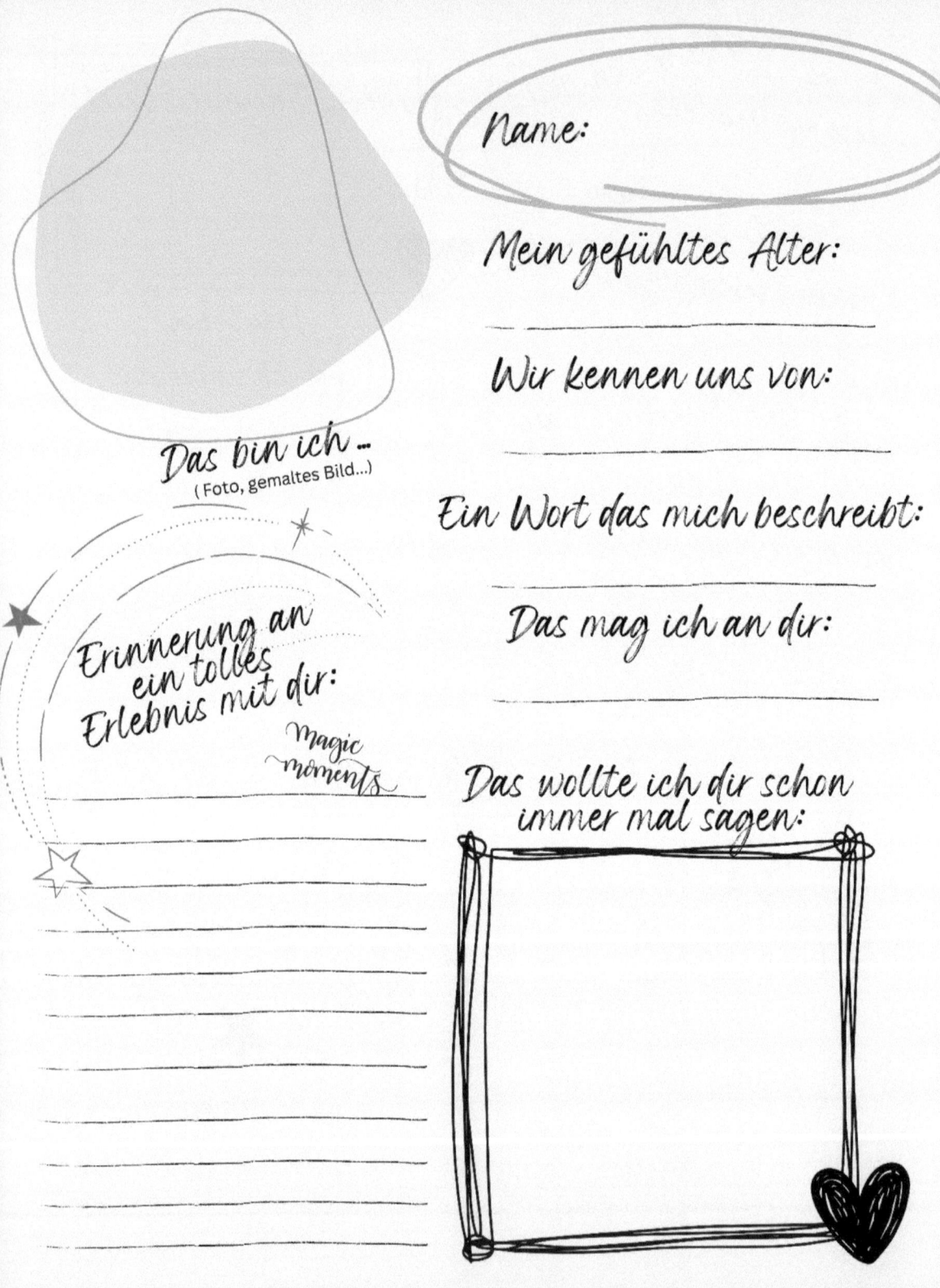

Name:

Mein gefühltes Alter:

Wir kennen uns von:

Ein Wort das mich beschreibt:

Das mag ich an dir:

Das bin ich ...
(Foto, gemaltes Bild...)

Erinnerung an
ein tolles
Erlebnis mit dir:
magic
moments

Das wollte ich dir schon
immer mal sagen:

Mehr von mir...

...lese am liebsten:

... liebe:

... mein Lieblingsfilm:

... meine Superkraft wäre:

... das esse ich am liebsten:

... das mag ich gar nicht:

Ein Zitat das mich
bewegt:

Das wünsche ich dir:

Mein Traumreiseziel:

Drei Dinge,
die ich unbedingt
machen möchte:

_____

_____

_____

Das bin ich ...
(Foto, gemaltes Bild...)

Name:

Mein gefühltes Alter:

Wir kennen uns von:

Ein Wort das mich beschreibt:

Das mag ich an dir:

Erinnerung an
ein tolles
Erlebnis mit dir:

magic
moments

Das wollte ich dir schon
immer mal sagen:

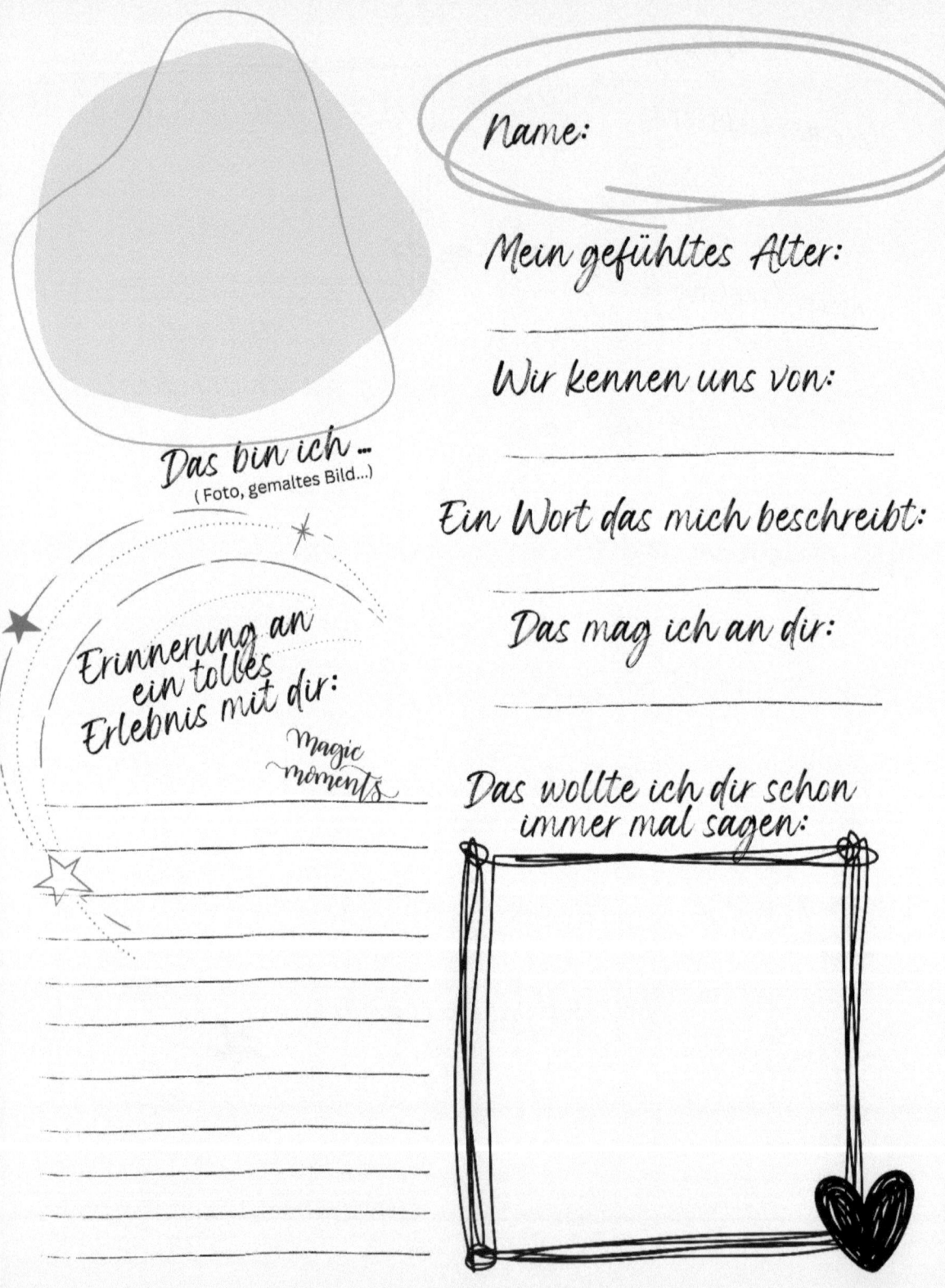

Mehr von mir...

...lese am liebsten:

... liebe:

... mein Lieblingsfilm:

... meine Superkraft wäre:

... das esse ich am liebsten:

... das mag ich gar nicht:

Mein Traumreiseziel:

Drei Dinge,
die ich unbedingt
machen möchte:

_____

_____

_____

Ein Zitat das mich
bewegt:

Das wünsche ich dir:

Das bin ich ...
(Foto, gemaltes Bild...)

Erinnerung an
ein tolles
Erlebnis mit dir:
magic
moments

Name:

Mein gefühltes Alter:

Wir kennen uns von:

Ein Wort das mich beschreibt:

Das mag ich an dir:

Das wollte ich dir schon
immer mal sagen:

Mehr von mir...

...lese am liebsten:

... liebe:

... mein Lieblingsfilm:

... meine Superkraft wäre:

... das esse ich am liebsten:

... das mag ich gar nicht:

Mein Traumreiseziel:

Drei Dinge,
die ich unbedingt
machen möchte:

_____

_____

_____

Ein Zitat das mich
bewegt:

Das wünsche ich dir:

Das bin ich ...
(Foto, gemaltes Bild...)

Erinnerung an
ein tolles
Erlebnis mit dir:
Magic
moments

Name:

Mein gefühltes Alter:

Wir kennen uns von:

Ein Wort das mich beschreibt:

Das mag ich an dir:

Das wollte ich dir schon
immer mal sagen:

Mehr von mir...

...lese am liebsten:

... liebe:

... mein Lieblingsfilm:

... meine Superkraft wäre:

... das esse ich am liebsten:

... das mag ich gar nicht:

Mein Traumreiseziel:

Drei Dinge,
die ich unbedingt
machen möchte:

_____

_____

_____

Ein Zitat das mich
bewegt:

Das wünsche ich dir:

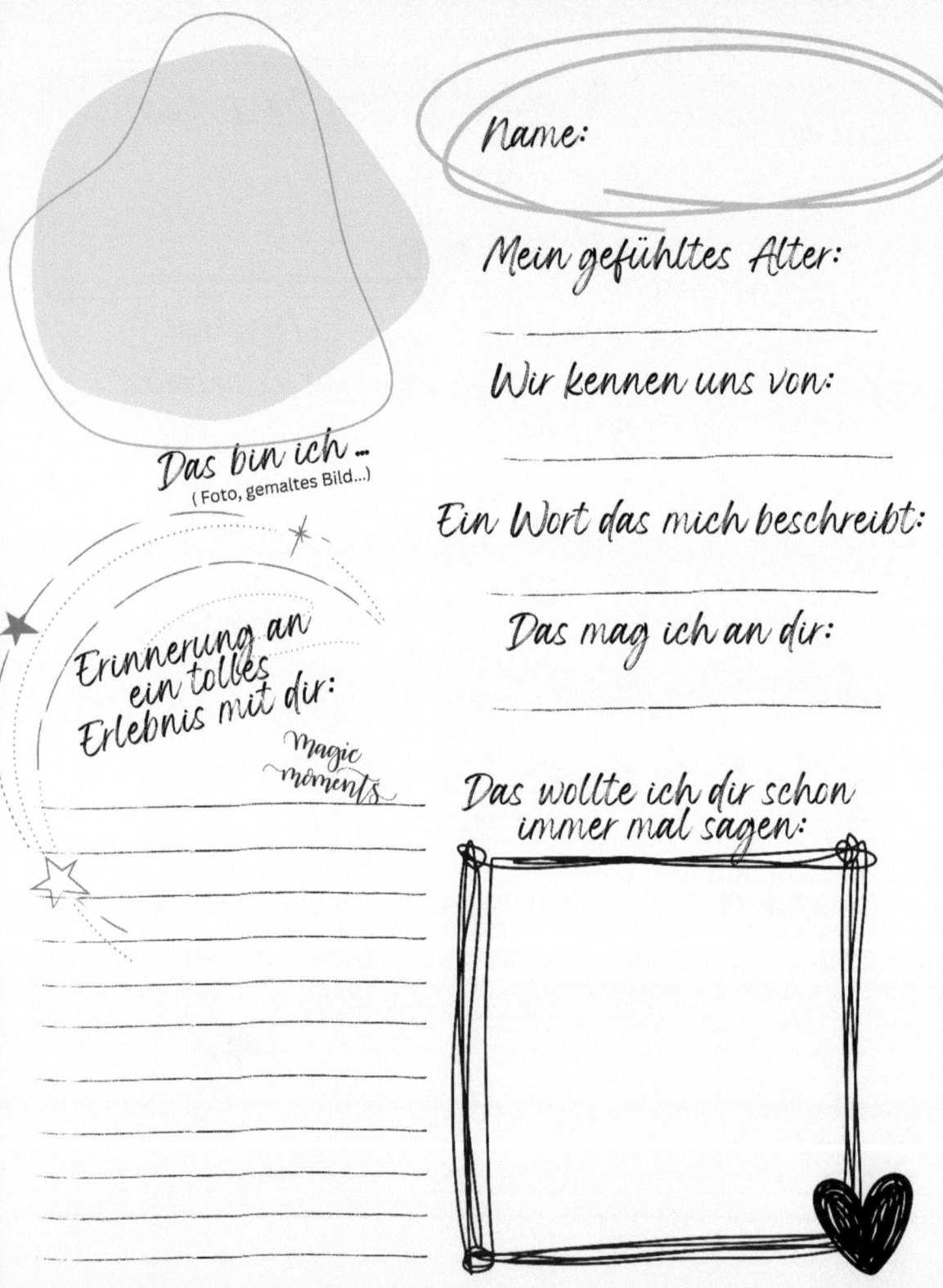

Das bin ich ...
(Foto, gemaltes Bild...)

Name:

Mein gefühltes Alter:

Wir kennen uns von:

Ein Wort das mich beschreibt:

Das mag ich an dir:

Erinnerung an
ein tolles
Erlebnis mit dir:

Magic
moments

Das wollte ich dir schon
immer mal sagen:

Mehr von mir...

...lese am liebsten:

... liebe:

... mein Lieblingsfilm:

... meine Superkraft wäre:

... das esse ich am liebsten:

... das mag ich gar nicht:

Mein Traumreiseziel:

Drei Dinge,
die ich unbedingt
machen möchte:

_____

_____

_____

Ein Zitat das mich
bewegt:

Das wünsche ich dir:

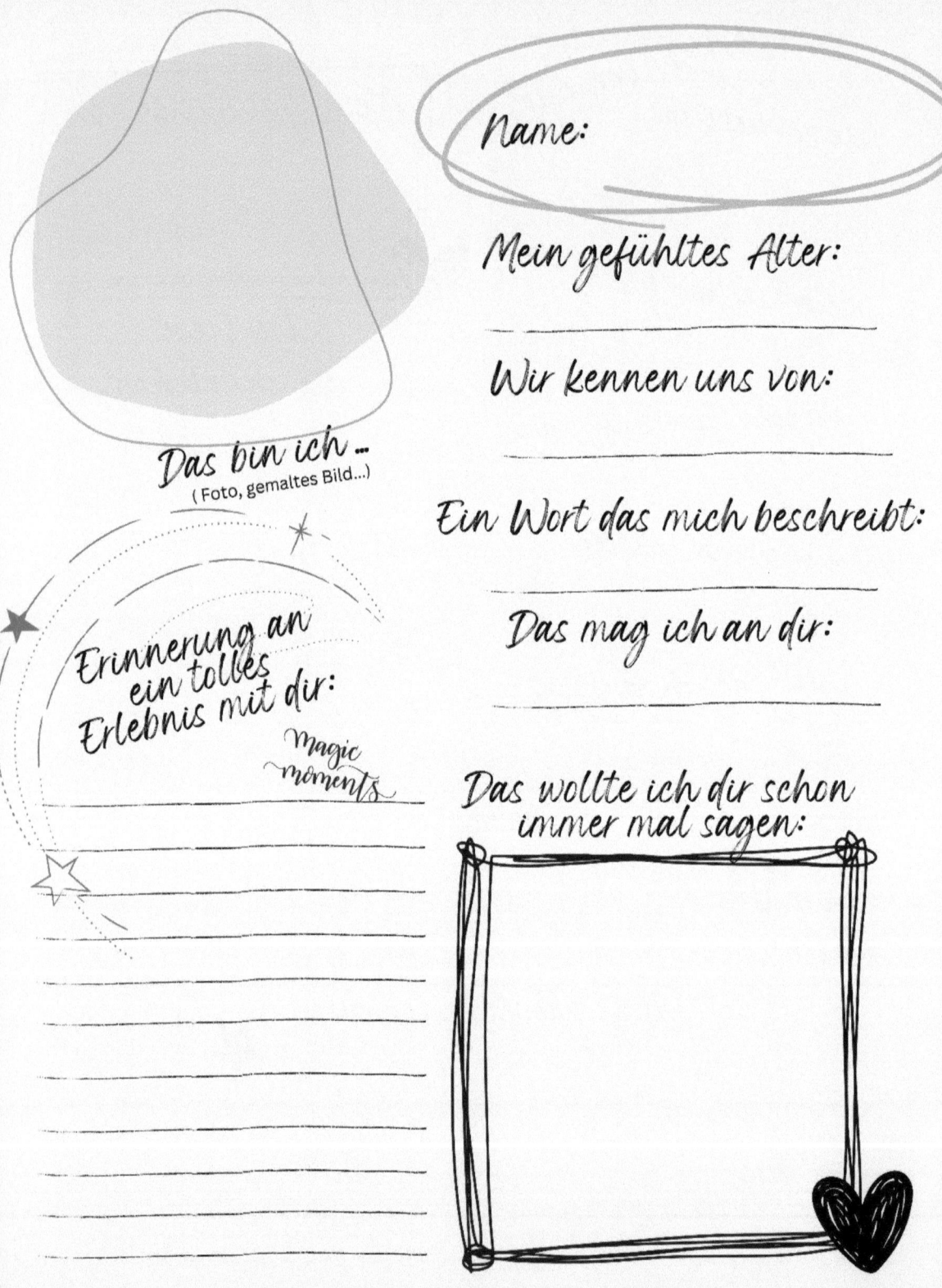

Das bin ich …
(Foto, gemaltes Bild…)

Erinnerung an
ein tolles
Erlebnis mit dir:
magic
moments

Name:

Mein gefühltes Alter:

Wir kennen uns von:

Ein Wort das mich beschreibt:

Das mag ich an dir:

Das wollte ich dir schon
immer mal sagen:

Mehr von mir...

...lese am liebsten:

— liebe:

... mein Lieblingsfilm:

... meine Superkraft wäre:

... das esse ich am liebsten:

... das mag ich gar nicht:

Mein Traumreiseziel:

Drei Dinge,
die ich unbedingt
machen möchte:

_____

_____

_____

Ein Zitat das mich
bewegt:

Das wünsche ich dir:

Das bin ich ...
(Foto, gemaltes Bild...)

Erinnerung an
ein tolles
Erlebnis mit dir:

Magic
moments

Name:

Mein gefühltes Alter:

Wir kennen uns von:

Ein Wort das mich beschreibt:

Das mag ich an dir:

Das wollte ich dir schon
immer mal sagen:

Mehr von mir...

...lese am liebsten:

... liebe:

... mein Lieblingsfilm:

... meine Superkraft wäre:

... das esse ich am liebsten:

... das mag ich gar nicht:

Mein Traumreiseziel:

Drei Dinge,
die ich unbedingt
machen möchte:

_____

_____

_____

Ein Zitat das mich
bewegt:

Das wünsche ich dir:

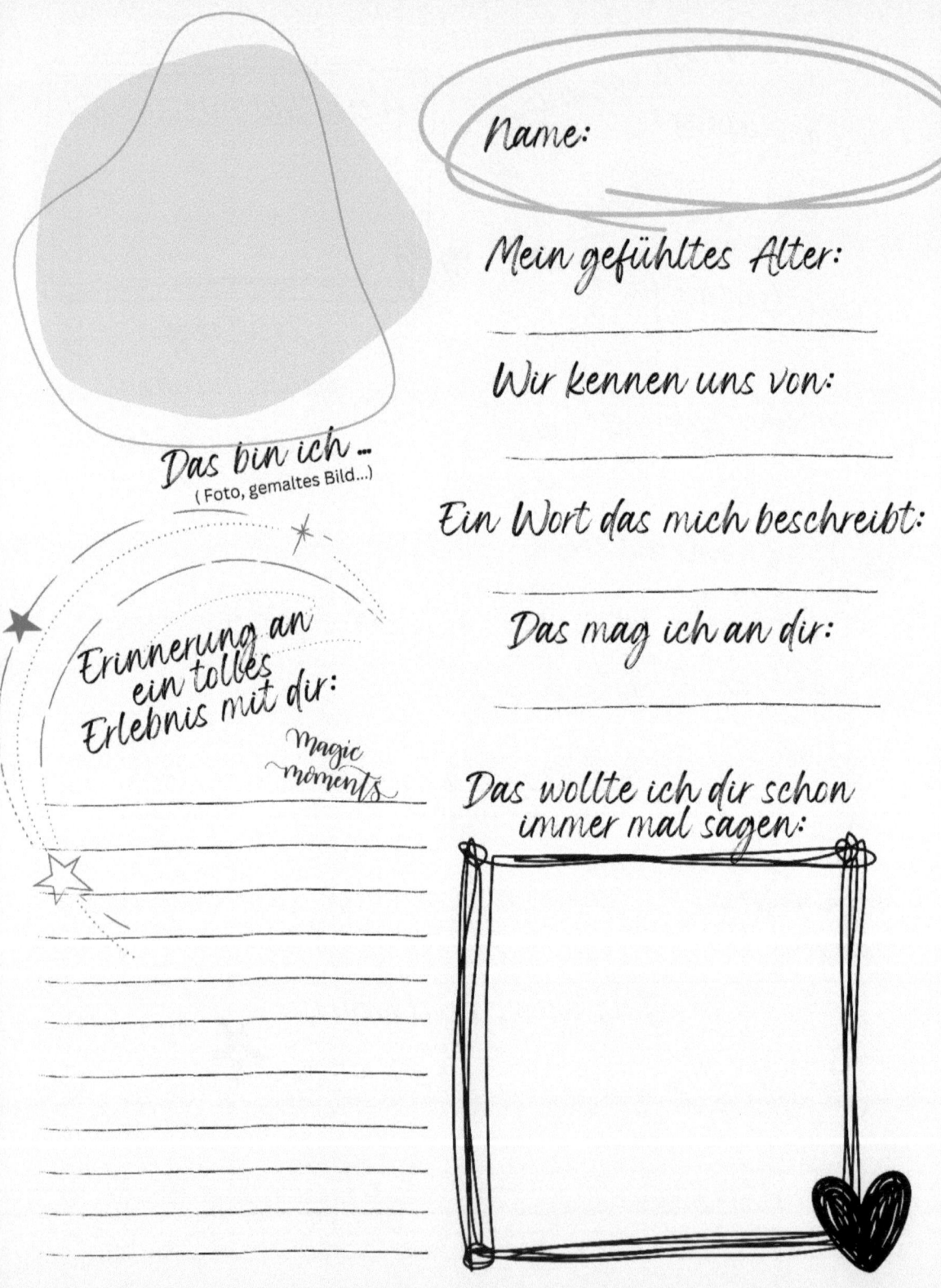

Das bin ich ...
(Foto, gemaltes Bild...)

Erinnerung an ein tolles Erlebnis mit dir:
magic moments

Name:

Mein gefühltes Alter:

Wir kennen uns von:

Ein Wort das mich beschreibt:

Das mag ich an dir:

Das wollte ich dir schon immer mal sagen:

Mehr von mir...

...lese am liebsten:

- liebe:

... mein Lieblingsfilm:

... meine Superkraft wäre:

... das esse ich am liebsten:

... das mag ich gar nicht:

Ein Zitat das mich
bewegt:

Das wünsche ich dir:

Mein Traumreiseziel:

Drei Dinge,
die ich unbedingt
machen möchte:

Das bin ich ...
(Foto, gemaltes Bild...)

Erinnerung an
ein tolles
Erlebnis mit dir:

Magic
moments

Name:

Mein gefühltes Alter:

Wir kennen uns von:

Ein Wort das mich beschreibt:

Das mag ich an dir:

Das wollte ich dir schon
immer mal sagen:

Mehr von mir...

...lese am liebsten:

... liebe:

... mein Lieblingsfilm:

... meine Superkraft wäre:

... das esse ich am liebsten:

... das mag ich gar nicht:

Mein Traumreiseziel:

Drei Dinge,
die ich unbedingt
machen möchte:

_____

_____

_____

Ein Zitat das mich
bewegt:

Das wünsche ich dir:

Das bin ich ...
(Foto, gemaltes Bild...)

Name:

Mein gefühltes Alter:

Wir kennen uns von:

Ein Wort das mich beschreibt:

Das mag ich an dir:

Erinnerung an
ein tolles
Erlebnis mit dir:

magic
moments

Das wollte ich dir schon
immer mal sagen:

Mehr von mir...

...lese am liebsten:

... liebe:

... mein Lieblingsfilm:

... meine Superkraft wäre:

... das esse ich am liebsten:

... das mag ich gar nicht:

Mein Traumreiseziel:

Drei Dinge,
die ich unbedingt
machen möchte:

_____

_____

_____

Ein Zitat das mich
bewegt:

Das wünsche ich dir:

Name:

Mein gefühltes Alter:

Wir kennen uns von:

Ein Wort das mich beschreibt:

Das mag ich an dir:

Das bin ich ...
(Foto, gemaltes Bild...)

Erinnerung an
ein tolles
Erlebnis mit dir:
magic
moments

Das wollte ich dir schon
immer mal sagen:

Mehr von mir...

...lese am liebsten:

... liebe:

... mein Lieblingsfilm:

... meine Superkraft wäre:

... das esse ich am liebsten:

... das mag ich gar nicht:

Mein Traumreiseziel:

Drei Dinge,
die ich unbedingt
machen möchte:

_____

_____

_____

Ein Zitat das mich
bewegt:

Das wünsche ich dir:

Das bin ich ...
(Foto, gemaltes Bild...)

Name:

Mein gefühltes Alter:
_____

Wir kennen uns von:
_____

Ein Wort das mich beschreibt:
_____

Das mag ich an dir:
_____

Erinnerung an
ein tolles
Erlebnis mit dir:

magic
moments

Das wollte ich dir schon
immer mal sagen:

Mehr von mir...

...lese am liebsten:

~ liebe:

... mein Lieblingsfilm:

... meine Superkraft wäre:

... das esse ich am liebsten:

... das mag ich gar nicht:

Mein Traumreiseziel:

Drei Dinge,
die ich unbedingt
machen möchte:

_____

_____

_____

Ein Zitat das mich
bewegt:

Das wünsche ich dir:

Name:

Mein gefühltes Alter:

Wir kennen uns von:

Ein Wort das mich beschreibt:

Das mag ich an dir:

Das bin ich ...
(Foto, gemaltes Bild...)

Erinnerung an
ein tolles
Erlebnis mit dir:

Magic
moments

Das wollte ich dir schon
immer mal sagen:

Mehr von mir...

...lese am liebsten:

... liebe:

... mein Lieblingsfilm:

... meine Superkraft wäre:

... das esse ich am liebsten:

... das mag ich gar nicht:

Mein Traumreiseziel:

Drei Dinge,
die ich unbedingt
machen möchte:

_____

_____

_____

Ein Zitat das mich
bewegt:

Das wünsche ich dir:

Das bin ich ...
(Foto, gemaltes Bild...)

Name:

Mein gefühltes Alter:

Wir kennen uns von:

Ein Wort das mich beschreibt:

Das mag ich an dir:

Erinnerung an ein tolles Erlebnis mit dir:

Magic moments

Das wollte ich dir schon immer mal sagen:

Mehr von mir...

...lese am liebsten:

... liebe:

... mein Lieblingsfilm:

... meine Superkraft wäre:

... das esse ich am liebsten:

... das mag ich gar nicht:

Mein Traumreiseziel:

Drei Dinge,
die ich unbedingt
machen möchte:

_____

_____

_____

Ein Zitat das mich
bewegt:

Das wünsche ich dir:

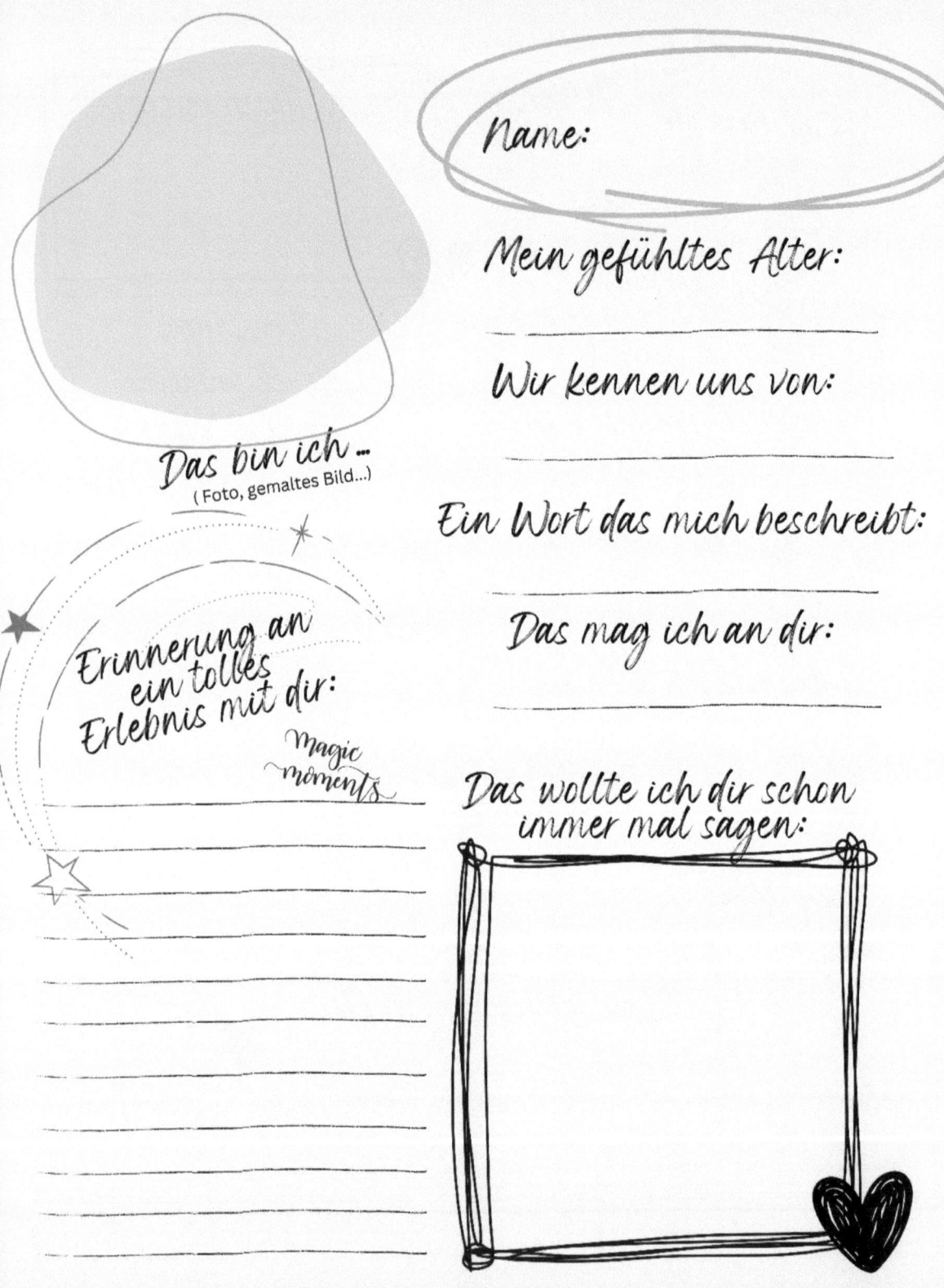

Das bin ich ...
(Foto, gemaltes Bild...)

Name:

Mein gefühltes Alter:

Wir kennen uns von:

Ein Wort das mich beschreibt:

Das mag ich an dir:

Erinnerung an ein tolles Erlebnis mit dir:

magic moments

Das wollte ich dir schon immer mal sagen:

Mehr von mir...

...lese am liebsten:

... liebe:

... mein Lieblingsfilm:

... meine Superkraft wäre:

... das esse ich am liebsten:

... das mag ich gar nicht:

Mein Traumreiseziel:

Drei Dinge,
die ich unbedingt
machen möchte:

_____

_____

_____

Ein Zitat das mich
bewegt:

Das wünsche ich dir:

Das bin ich ...
(Foto, gemaltes Bild...)

Erinnerung an
ein tolles
Erlebnis mit dir:

Magic
moments

Name:

Mein gefühltes Alter:

Wir kennen uns von:

Ein Wort das mich beschreibt:

Das mag ich an dir:

Das wollte ich dir schon
immer mal sagen:

Mehr von mir...

...lese am liebsten:

... liebe:

... mein Lieblingsfilm:

... meine Superkraft wäre:

... das esse ich am liebsten:

... das mag ich gar nicht:

Mein Traumreiseziel:

Drei Dinge,
die ich unbedingt
machen möchte:

_____

_____

_____

Ein Zitat das mich
bewegt:

Das wünsche ich dir:

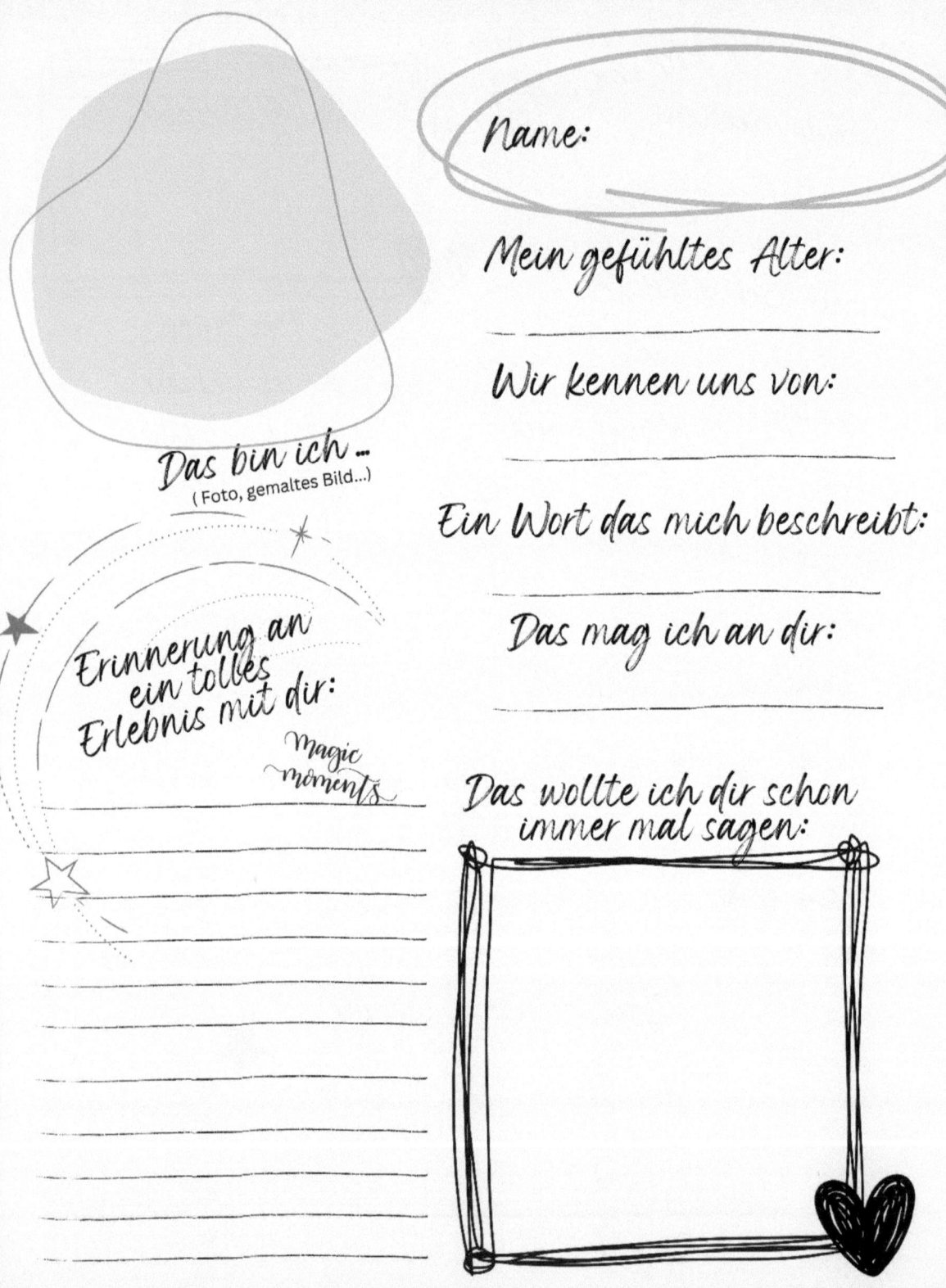

Das bin ich ...
(Foto, gemaltes Bild...)

Name:

Mein gefühltes Alter:

Wir kennen uns von:

Ein Wort das mich beschreibt:

Das mag ich an dir:

Erinnerung an
ein tolles
Erlebnis mit dir:
magic
moments

Das wollte ich dir schon
immer mal sagen:

Mehr von mir...

...lese am liebsten:

... liebe:

... mein Lieblingsfilm:

... meine Superkraft wäre:

... das esse ich am liebsten:

... das mag ich gar nicht:

Mein Traumreiseziel:

Drei Dinge,
die ich unbedingt
machen möchte:

_____

_____

_____

Ein Zitat das mich
bewegt:

Das wünsche ich dir:

Das bin ich ...
(Foto, gemaltes Bild...)

Erinnerung an ein tolles Erlebnis mit dir:
magic moments

Name:

Mein gefühltes Alter:

Wir kennen uns von:

Ein Wort das mich beschreibt:

Das mag ich an dir:

Das wollte ich dir schon immer mal sagen:

Mehr von mir...

...lese am liebsten:

... liebe:

... mein Lieblingsfilm:

... meine Superkraft wäre:

... das esse ich am liebsten:

... das mag ich gar nicht:

Ein Zitat das mich bewegt:

Das wünsche ich dir:

Mein Traumreiseziel:

Drei Dinge,
die ich unbedingt
machen möchte:

Das bin ich ...
(Foto, gemaltes Bild...)

Name:

Mein gefühltes Alter:

Wir kennen uns von:

Ein Wort das mich beschreibt:

Das mag ich an dir:

Erinnerung an
ein tolles
Erlebnis mit dir:

magic
moments

Das wollte ich dir schon
immer mal sagen:

Mehr von mir...

...lese am liebsten:

... liebe:

... mein Lieblingsfilm:

... meine Superkraft wäre:

... das esse ich am liebsten:

... das mag ich gar nicht:

Mein Traumreiseziel:

Drei Dinge,
die ich unbedingt
machen möchte:

_____

_____

_____

Ein Zitat das mich
bewegt:

Das wünsche ich dir:

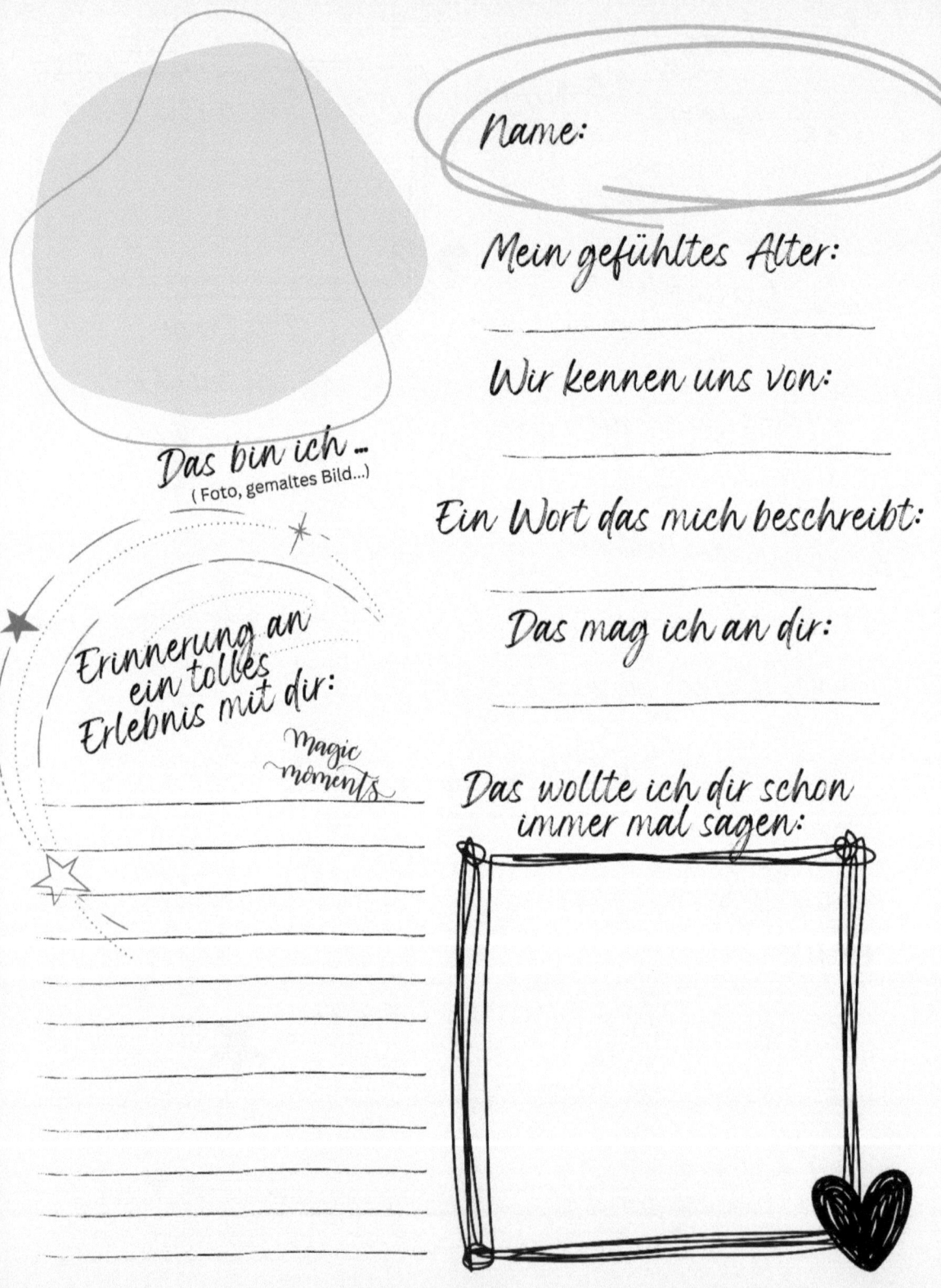

Das bin ich ...
(Foto, gemaltes Bild...)

Erinnerung an
ein tolles
Erlebnis mit dir:

magic
moments

Name:

Mein gefühltes Alter:

Wir kennen uns von:

Ein Wort das mich beschreibt:

Das mag ich an dir:

Das wollte ich dir schon
immer mal sagen:

Mehr von mir...

...lese am liebsten:

... liebe:

... mein Lieblingsfilm:

... meine Superkraft wäre:

... das esse ich am liebsten:

... das mag ich gar nicht:

Mein Traumreiseziel:

Drei Dinge,
die ich unbedingt
machen möchte:

_____

_____

_____

Ein Zitat das mich
bewegt:

Das wünsche ich dir:

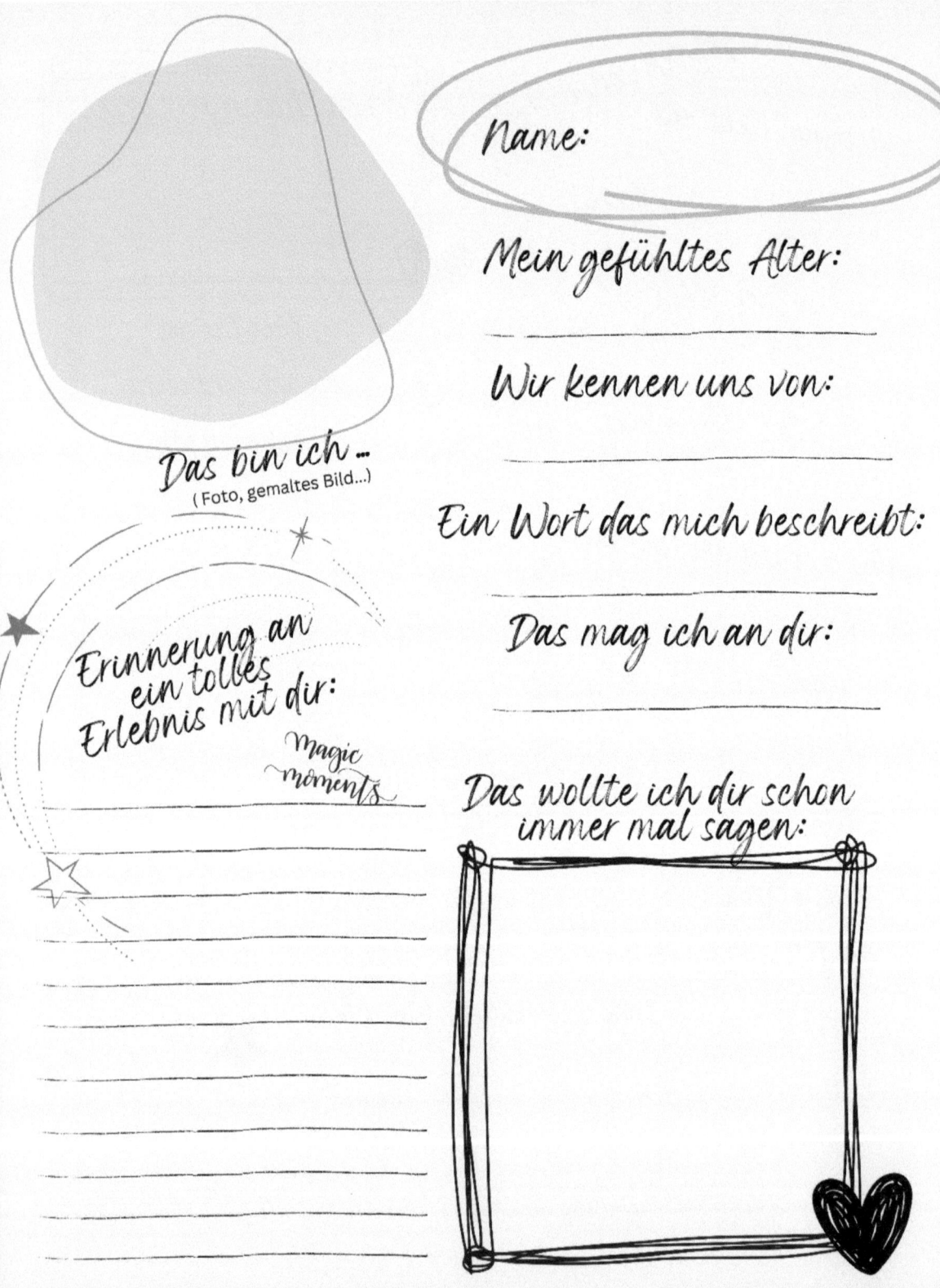

Das bin ich ...
(Foto, gemaltes Bild...)

Name:

Mein gefühltes Alter:

Wir kennen uns von:

Ein Wort das mich beschreibt:

Das mag ich an dir:

Erinnerung an
ein tolles
Erlebnis mit dir:
Magic
moments

Das wollte ich dir schon
immer mal sagen:

Mehr von mir...

...lese am liebsten:

... liebe:

... mein Lieblingsfilm:

... meine Superkraft wäre:

... das esse ich am liebsten:

... das mag ich gar nicht:

Mein Traumreiseziel:

Drei Dinge,
die ich unbedingt
machen möchte:

_____

_____

_____

Ein Zitat das mich
bewegt:

Das wünsche ich dir:

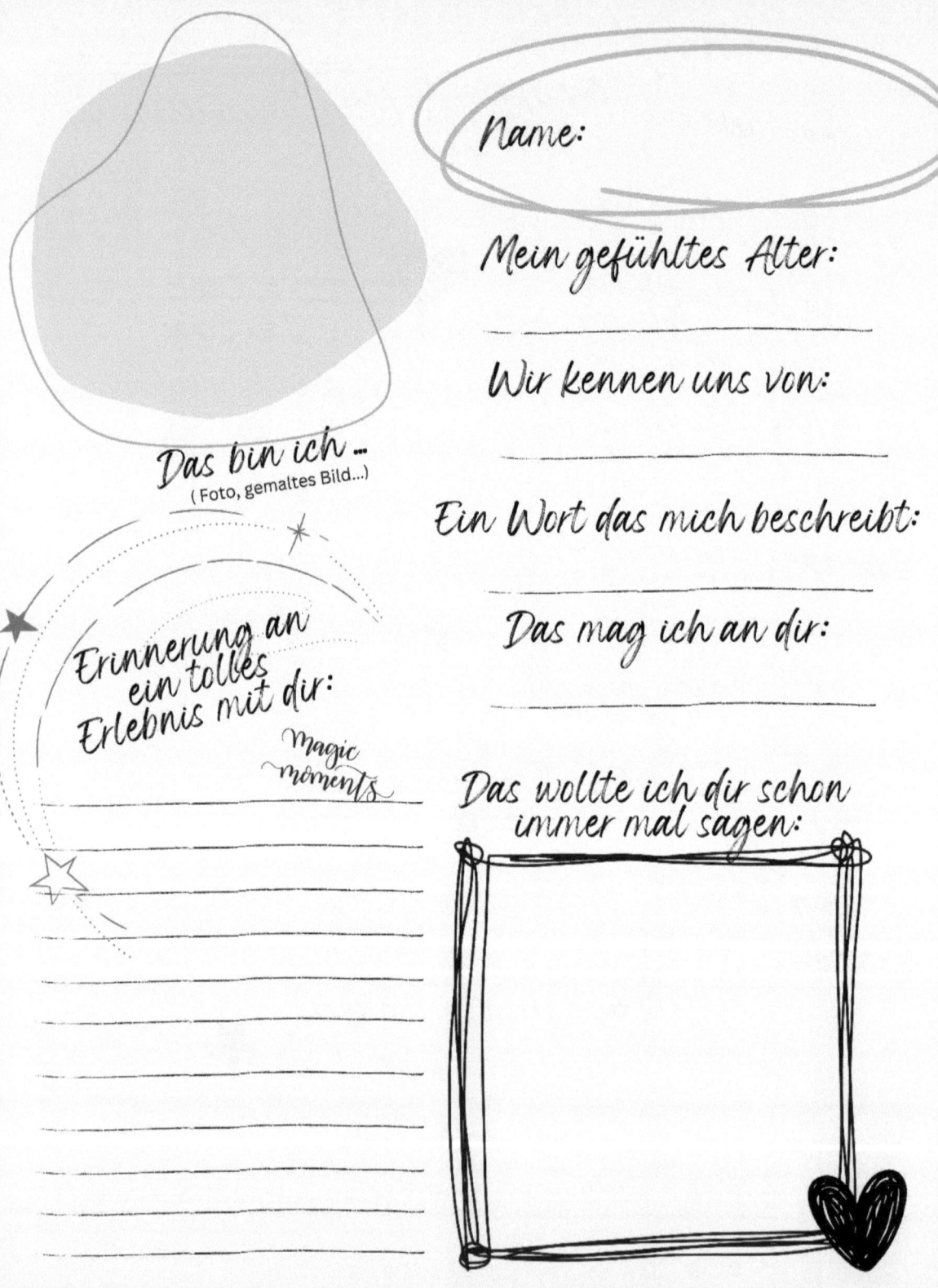

Das bin ich ...
(Foto, gemaltes Bild...)

Erinnerung an
ein tolles
Erlebnis mit dir:

Magic
moments

Name:

Mein gefühltes Alter:

Wir kennen uns von:

Ein Wort das mich beschreibt:

Das mag ich an dir:

Das wollte ich dir schon
immer mal sagen:

Mehr von mir...

...lese am liebsten:

...liebe:

...mein Lieblingsfilm:

...meine Superkraft wäre:

...das esse ich am liebsten:

...das mag ich gar nicht:

Mein Traumreiseziel:

Drei Dinge,
die ich unbedingt
machen möchte:

_____

_____

_____

Ein Zitat das mich
bewegt:

Das wünsche ich dir:

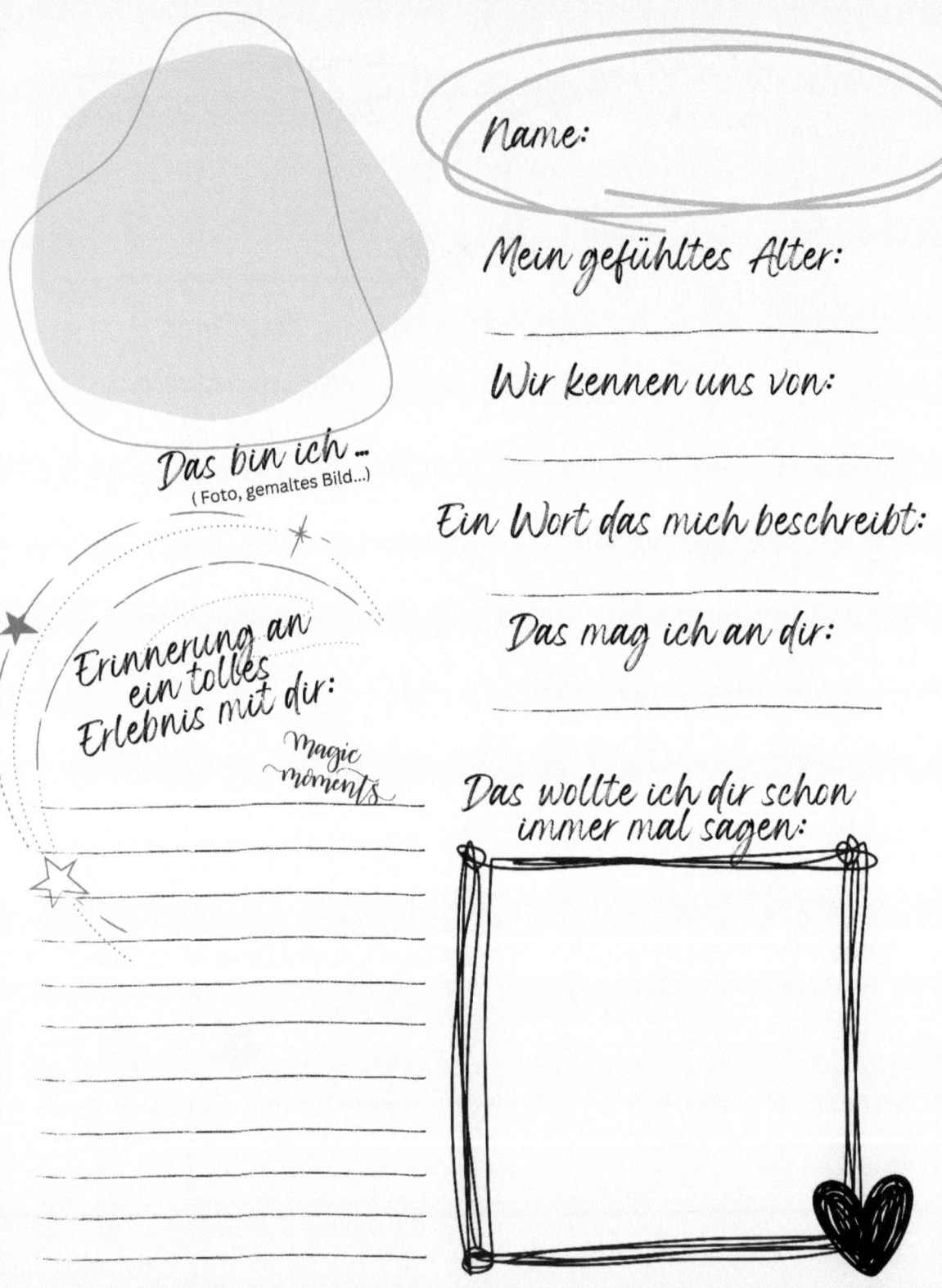

Das bin ich ...
(Foto, gemaltes Bild...)

Erinnerung an
ein tolles
Erlebnis mit dir:

magic
moments

Name:

Mein gefühltes Alter:

Wir kennen uns von:

Ein Wort das mich beschreibt:

Das mag ich an dir:

Das wollte ich dir schon
immer mal sagen:

Mehr von mir...

...lese am liebsten:

... liebe:

... mein Lieblingsfilm:

... meine Superkraft wäre:

... das esse ich am liebsten:

... das mag ich gar nicht:

Mein Traumreiseziel:

Drei Dinge,
die ich unbedingt
machen möchte:

_____

_____

_____

Ein Zitat das mich
bewegt:

Das wünsche ich dir:

Das bin ich ...
(Foto, gemaltes Bild...)

Name:

Mein gefühltes Alter:

Wir kennen uns von:

Ein Wort das mich beschreibt:

Das mag ich an dir:

Erinnerung an
ein tolles
Erlebnis mit dir:

Magic
moments

Das wollte ich dir schon
immer mal sagen:

Mehr von mir...

...lese am liebsten:

... liebe:

... mein Lieblingsfilm:

... meine Superkraft wäre:

... das esse ich am liebsten:

... das mag ich gar nicht:

Mein Traumreiseziel:

Drei Dinge,
die ich unbedingt
machen möchte:

_____

_____

_____

Ein Zitat das mich
bewegt:

Das wünsche ich dir:

Das bin ich ...
(Foto, gemaltes Bild...)

Erinnerung an
ein tolles
Erlebnis mit dir:

magic
moments

Name:

Mein gefühltes Alter:

Wir kennen uns von:

Ein Wort das mich beschreibt:

Das mag ich an dir:

Das wollte ich dir schon
immer mal sagen:

Mehr von mir...

...lese am liebsten:

... liebe:

... mein Lieblingsfilm:

... meine Superkraft wäre:

... das esse ich am liebsten:

... das mag ich gar nicht:

Mein Traumreiseziel:

Drei Dinge,
die ich unbedingt
machen möchte:

_____

_____

_____

Ein Zitat das mich
bewegt:

Das wünsche ich dir:

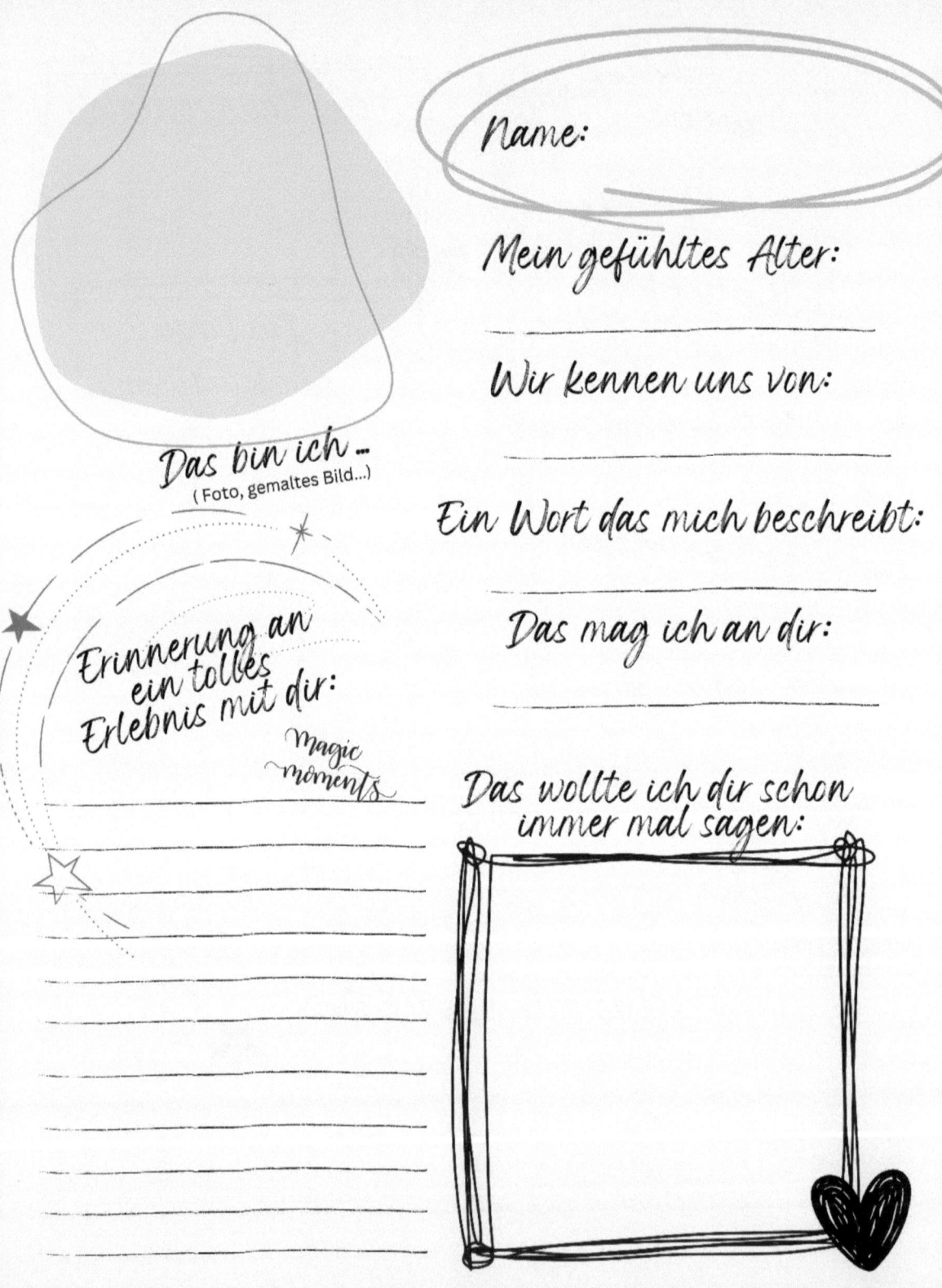

Das bin ich ...
(Foto, gemaltes Bild...)

Erinnerung an
ein tolles
Erlebnis mit dir:

magic
moments

Name:

Mein gefühltes Alter:

Wir kennen uns von:

Ein Wort das mich beschreibt:

Das mag ich an dir:

Das wollte ich dir schon
immer mal sagen:

Mehr von mir...

...lese am liebsten:

... liebe:

... mein Lieblingsfilm:

... meine Superkraft wäre:

... das esse ich am liebsten:

... das mag ich gar nicht:

Ein Zitat das mich
bewegt:

Das wünsche ich dir:

Mein Traumreiseziel:

Drei Dinge,
die ich unbedingt
machen möchte:

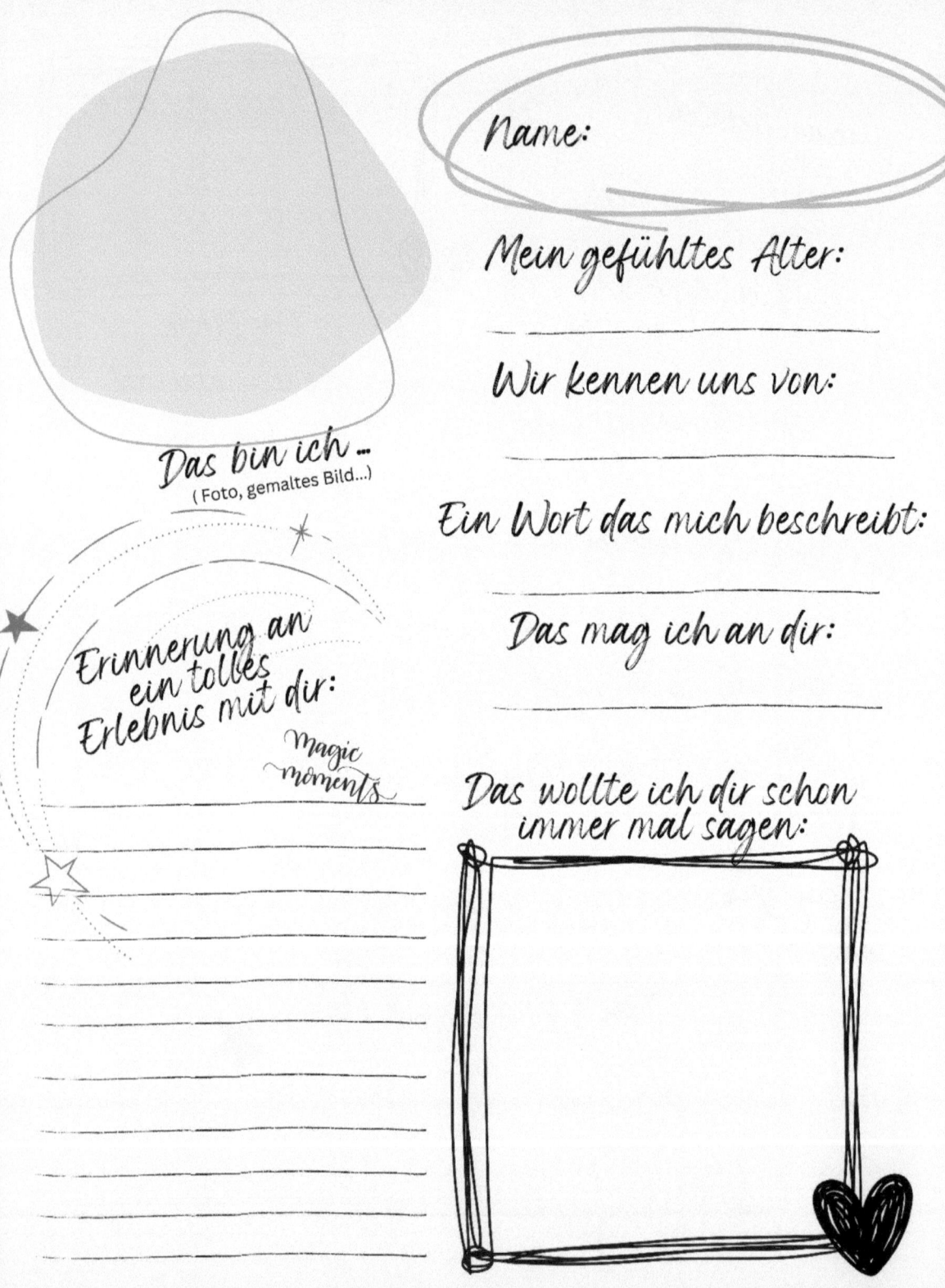

Das bin ich ...
(Foto, gemaltes Bild...)

Name:

Mein gefühltes Alter:

Wir kennen uns von:

Ein Wort das mich beschreibt:

Das mag ich an dir:

Erinnerung an
ein tolles
Erlebnis mit dir:
magic
moments

Das wollte ich dir schon
immer mal sagen:

Mehr von mir...

...lese am liebsten:

... liebe:

... mein Lieblingsfilm:

... meine Superkraft wäre:

... das esse ich am liebsten:

... das mag ich gar nicht:

Mein Traumreiseziel:

Drei Dinge,
die ich unbedingt
machen möchte:

_____

_____

_____

Ein Zitat das mich
bewegt:

Das wünsche ich dir:

Das bin ich ...
(Foto, gemaltes Bild...)

Name:

Mein gefühltes Alter:

Wir kennen uns von:

Ein Wort das mich beschreibt:

Das mag ich an dir:

Erinnerung an
ein tolles
Erlebnis mit dir:
magic
moments

Das wollte ich dir schon
immer mal sagen:

Mehr von mir...

...lese am liebsten:

... liebe:

... mein Lieblingsfilm:

... meine Superkraft wäre:

... das esse ich am liebsten:

... das mag ich gar nicht:

Mein Traumreiseziel:

Drei Dinge,
die ich unbedingt
machen möchte:

_____

_____

_____

Ein Zitat das mich
bewegt:

Das wünsche ich dir:

Das bin ich ...
(Foto, gemaltes Bild...)

Name:

Mein gefühltes Alter:

Wir kennen uns von:

Ein Wort das mich beschreibt:

Das mag ich an dir:

Erinnerung an
ein tolles
Erlebnis mit dir:
magic
moments

Das wollte ich dir schon
immer mal sagen:

Mehr von mir...

...lese am liebsten:

... liebe:

... mein Lieblingsfilm:

... meine Superkraft wäre:

... das esse ich am liebsten:

... das mag ich gar nicht:

Mein Traumreiseziel:

Drei Dinge,
die ich unbedingt
machen möchte:

_____

_____

_____

Ein Zitat das mich
bewegt:

Das wünsche ich dir:

Mein Rezept für dich

Mein Rezept für dich

Mein Rezept für dich

Mein Rezept für dich

Mein Rezept für dich

Mein Rezept für dich

Mein Rezept für dich

Mein Rezept für dich

Mein Rezept für dich

Mein Rezept für dich

Mein Rezept für dich

Mein Rezept für dich

Mein Rezept für dich

Mein Rezept für dich

Mein Rezept für dich

Mein Rezept für dich

Mein Rezept für dich

Mein Rezept für dich

Mein Rezept für dich

Mein Rezept für dich

Mein Rezept für dich

Mein Rezept für dich

Mein Rezept für dich

Mein Rezept für dich

Mein Rezept für dich

Mein Rezept für dich

Mein Rezept für dich

Mein Rezept für dich

Mein Rezept für dich

Mein Rezept für dich